くらしに役立つ
ワーク

国語

監修
明官 茂

東洋館出版社

はじめに

「くらしに役立つワーク国語」では、国語の目標の中から「日常《にちじょう》生活や社会生活に必要な知識《ちしき》や技能《ぎのう》」、「言葉の文化に親《した》しむこと」、「筋道《すじみち》立て考える力」、「豊《ゆた》かに感じたり想像《そうぞう》する力」、「人との関わりの中で伝え合う力」、「自分の思いをまとめる力」など様々な内容を取り上げています。目次を見てみると、「自己紹介《じこしょうかい》の方法」、「電話のかけ方」、「手紙の書き方」、「辞書《じしょ》の使い方」などが示《しめ》されています。「国語」の時間だけでなく、「社会」や「進路の学習」など他の学習でも活用できます。

学校生活では、様々なことを学ぶ必要がありますが、学校での授業《じゅぎょう》時間は限《かぎ》られています。特に国語に関しては、他の教科や卒業後の社会生活や職業《しょくぎょう》生活を豊かにするために重要なものがたくさんあります。「くらしに役立つワーク国語」は社会生活や職業生活に必要な内容を、コンパクトに16の項目にまとめました。一人一人が楽しく取り組みながら必要な知識や技能が身につくことにつながってほしいと願っています。

授業で活用したり、家に帰って復習《ふくしゅう》したりしながら、卒業後に必要な力を少しでも多く身につけてください。この本を活用することで将来《しょうらい》の生活が少しでも豊かになることを期待しています。

平成二十九年十一月

明官 茂

目次

くらしに役立つワーク国語

1 自己紹介《じこしょうかい》をしよう

新しい学校や現場《げんば》実習で初めて会った人には自己紹介をしましょう。自己紹介では自分のことを相手にわかりやすく説明します。場に応《おう》じた自己紹介を考えましょう。

1・自己紹介メモを作りましょう。

自己紹介メモ（例）

名前	加藤《かとう》　花子
住所	○○市
出身校	○○中学校
好《す》きな教科	体育、美術《びじゅつ》
趣味《しゅみ》	音楽を聴《き》くこと
長所	元気にあいさつができること
その他	犬が好き

練習　前ページの（例）を見て自己紹介メモを作ってみましょう。

名前	住所	出身校	好きな教科	趣味	長所	その他

2・自己紹介メモをもとに、自己紹介のあいさつ文を考えて□に書きましょう。

私の名前は□です。

私の住んでいるところは□です。

出身校は□です。

好きな教科は□です。

理由は□からです。

趣味は□です。

よろしくお願《ねが》いします。

3・面接《めんせつ》での自己紹介　面接でよく聞かれることを考えて□に書きましょう。

どうやってここまできたか。（経路《けいろ》、交通手段《しゅだん》、最寄《もよ》り駅など）

学校でがんばっていることは？

将来《しょうらい》の夢《ゆめ》、会社でがんばりたいことは？

※先生や友達と「生徒」「会社の人」などの役割《やくわり》を決めて練習してみましょう。

2 話し合いをしよう

話し合いは、みんなで話し合い、一人の考えよりもっとよい考えを見つけていこうとするものです。話し合いは、目的をはっきりさせて意見を出し合うことが大切です。

1・話し合いで必要な係を決めて、決まった人の名前を□に書きましょう。

○司会（議長）→ 決まった人［　　］さん
・公平な立場で会議を進める。
・多くの人に発言してもらう。

○記録係（書記）→ 決まった人［　　］さん
・発言をまとめて、黒板に書く。
・決まったことを、記録ノートに書き残す。

2・上手《じょうず》な話し合いで必要なこと

意見を言うとき

(例) 自分の考えの理由も言う。	○	○

意見を聞くとき

(例) 話している人の目を見て、しっかり聞く。	○	○

3・話し合いのテーマを決めましょう。テーマを決めたら□に書き、話し合いをしましょう。

について話し合います。

3 遠足の計画を立てよう

遠足の計画を立てるとき、様々な資料《しりょう》を活用しましょう。みんなで読み合った資料を使って、見どころなどを入れた遠足のガイドマップを作りましょう。

1・経路《けいろ》を作りましょう。時間・場所・方法・料金を自分で調べて書きましょう。

私《わたくし》の経路

自宅《じたく》を出る時刻《じこく》

|　時　　分|

自宅

↓ 方法（例）（徒　歩）（5）分

↓ 方法（　　）（　）分

場所 ［　　　　］

↓ 方法（　　）（　）分

場所 ［　　　　］

↓ 方法（　　）（　）分

場所 ［　　　　］

↓ 方法（　　）（　）分

目的地 ［　　　　］

到着《とうちゃく》予定時刻

|　時　　分|

料金

|　　円|

2・クラスで行く場所・お弁当《べんとう》を食べる場所を決めましょう。調べたことや決めたことを書きましょう。

①クラスで行きたい場所を決める。その理由もあげる。

どこに行く？　……
その理由は？　……
料金はかかるか？　……

②集合場所を調べておく。

［　　］に［　時　分］に集合します。自宅から［　分］です。

③昼食場所を決めよう。

［　　］で、お昼ご飯を食べます。

3・見学場所について調べましょう。

（　）に見学場所を、□に見たいもの、やりたいことを書きましょう。

○見学場所1（　　　　　　）

○見学場所2（　　　　　　）

○見学場所3（　　　　　　）

4・ガイドマップを作りましょう。地図を使って活動場所を確認《かくにん》し、まとめましょう。

遠足に行く場所

ガイドマップ

※ここに地図を貼《は》って、行きたい場所や集合時刻などを書き込《こ》み
遠足のガイドマップを作りましょう。

4 電話を利用しよう

電話は私《わたくし》たちの生活に必要なものです。相手に自分の伝えたいことを正しく伝えたり、めいわくをかけたりしないように、電話の使い方やマナーを知ることが大切です。

1・電話のマナーについて、（　　）にあてはまる言葉を下の□から選んで、記号を書きましょう。

①まずは自分の（　　）を名乗り、（　　）の名前を確《たし》かめる。
②まちがい電話をしたときは、（　　）から電話を切る。
③（　　）な言葉で話し、大切なことは（　　）。
④最後は、「（　　）」「さようなら」とあいさつをして、静かに切る。
⑤朝早い時間や、（　　）時間にはかけない。どうしても必要なときは、「朝早くすみません」「夜遅《おそ》くにすみません」と言う。
⑥（　　）電話をしない。
⑦緊急《きんきゅう》の電話《警察《けいさつ》・消防《しょうぼう》など》は（　　）にかけて、必要なことをきちんと伝える。

ア 昼間
イ 相手
ウ 正確《せいかく》
エ あやまって
オ 名前
カ 短い
キ 失礼します
ク メモをとる
ケ 長
コ 夜遅い
サ ていねい

2・欠席の連絡《れんらく》をします。（　　）に自分のことを書きましょう。

おはようございます。
（　　　　）特別《とくべつ》支援《しえん》学校です。

おはようございます。（　）年（　）組
（　　　　　　　　）です。
（　　　　　）先生をお願いします。

（　　　　　）先生ですね。かわりますから少し待ってください。

はい、お待たせしました。
（　　　　　）です。

（　　　　　）先生、おはようございます。
（　　　　　　　　）です。今朝《けさ》は熱が38度もあります。これから病院に行きます。学校をお休みさせてください。

わかりました。病院から帰ったら、様子を聞かせてくださいね。お大事に。

3・遅《ち》刻《こく》の連絡をします。（　　）に自分のことを書きましょう。

もしもし、（　　　）特別支援学校ですか。ぼくは（　）年（　）組の（　　　　　）です。今、（　　　　　　）駅にいますが、ぼくがいつも乗っている電車がまだ来ないんです。

どうして来ないのかわかりますか。

雪のために遅《おく》れているそうです。

遅刻の心配はしなくていいです。駅員さんのアナウンスをよく聞いてください。電車が来たら乗って、気をつけて学校に来てください。担任《たんにん》の先生に伝えておきます。困《こま》ったことがあったら、すぐに学校に電話してください。

わかりました。
よろしくお願いします。（など）

会社名

電話番号

実習担当《たんとう》

さん

要件《ようけん》（電話で話す内容《ないよう》）

確認《かくにん》すること

①

②

③

・メモを参考に、実習先に電話をかける練習をしてみましょう。

おはようございます。株式《かぶしき》会社
（　　　　　　　　）ですか？

はい、株式会社（　　　　　　　　）
です。おはようございます。

私は、（　　　　）特別支援学校の
（　　　　　）です。このたび実習
でお世話になります。実習担当の
（　　　　　）様お願いします。

はい、（　　　　　）です。

このたびは実習でお世話になります。
実習の打ち合わせにうかがいたいの
ですが、ごつごうはいかがでしょう
か？

では、明日の午後（　）時に
来てください。

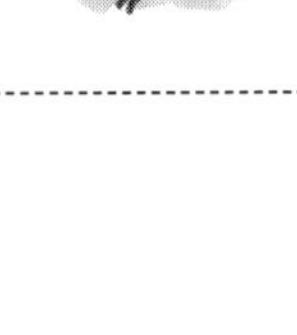

はい、わかりました。午後（　）時
にうかがいます。よろしくお願いい
たします。

5 手紙を書こう

手紙は、お世話になった人への感謝《かんしゃ》の気持ちを伝えるときや、季節のあいさつをするときに、大変便利です。

1・季節や、必要に応《おう》じて出すはがきがあります。それぞれ何と言いますか。□に書きましょう。

○夏の暑い時期に、相手の健康を気づかう便り

□

○新年を祝うあいさつ状《じょう》

□

○家族や親戚《しんせき》が亡《な》くなった時、新年のあいさつをしないことを相手に知らせるはがき

□

2・〈 〉に書かれていることを参考にして、自分の家族宛《あて》の表書きを作りましょう。

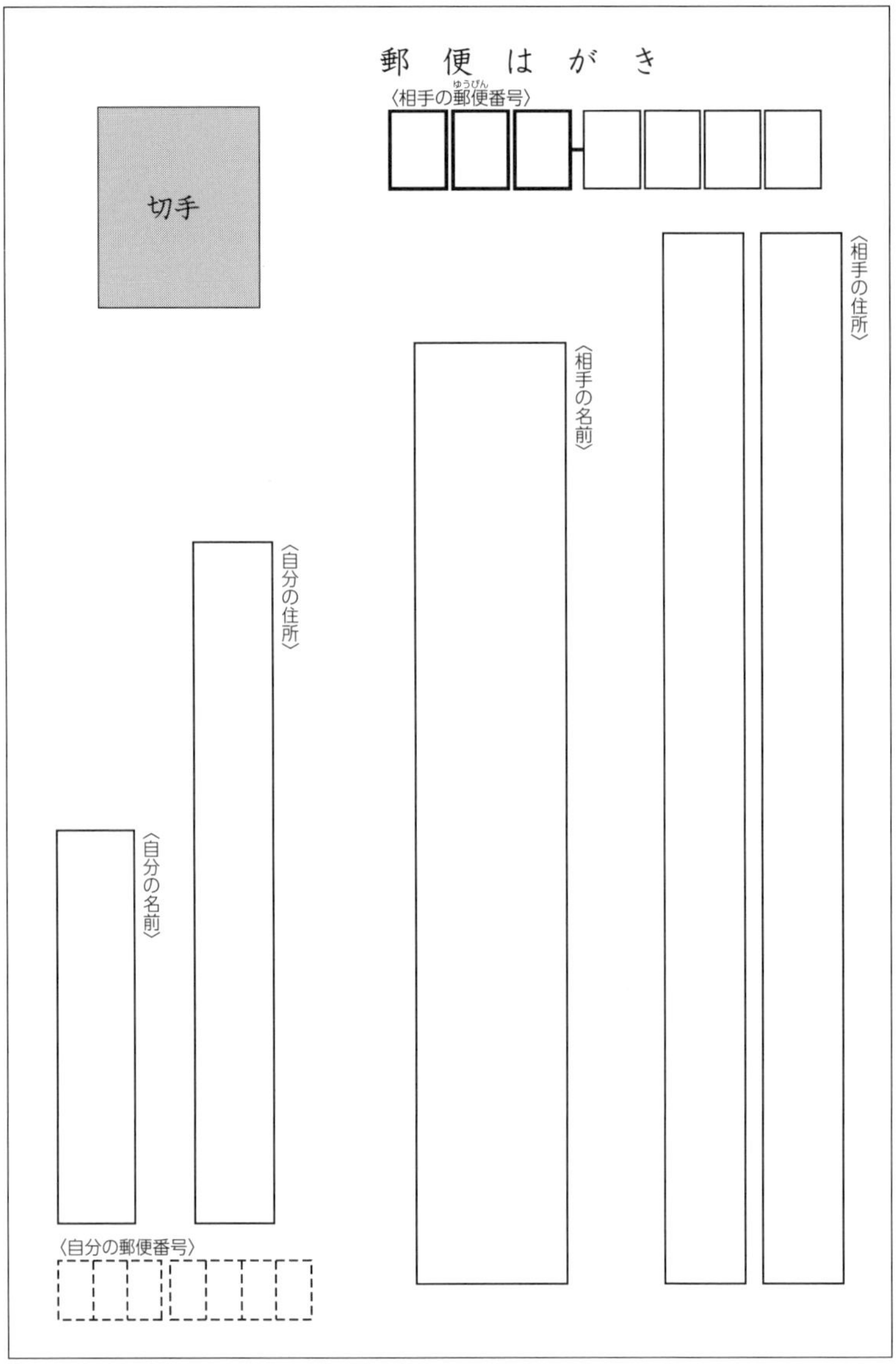

3・（例）を参考にして、暑中見舞《みま》いの裏面《うらめん》（文面）を考えましょう。

（例）

暑中お見舞い申し上げます

毎日暑い日が続きますが、
先生はいかがお過ごしですか。
私は先日、父と弥彦山に登ってきました。
二学期もよろしくお願いします。

北山　花子

4・「例」を参考にして、年《ねん》賀《が》状《じょう》の裏面（文面）を考えましょう。

（例）

謹賀新年

旧年中は大変お世話になりました。
今年もよろしくお願い致します。
今年もていねいに仕事するよう努力します。

平成〇〇年元旦

長谷川　和子

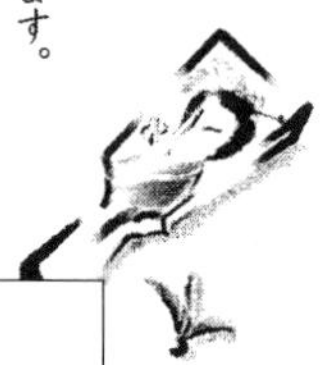

年元旦

5・往復《おうふく》はがきの返信の文面を、「出席する場合」を参考にして、「欠席する場合」の返事を書きましょう。

〈返信の文面〉

(例) 出席する場合

同窓会《どうそうかい》に　(~~御~~出席)　いたします
　　　　　~~御欠席~~

~~御~~住所
　　〒340-××××
　　埼玉県さいたま市○○町123
電話番号
　　0480-123-△△△
~~御芳~~名《ごほうめい》
　　宮下　□□□

○欠席する場合

同窓会に　御出席　いたします
　　　　　御欠席

御住所

電話番号

御芳名

6・時候のあいさつ　月ごとのあいさつを調べて表に書きましょう。

1月
2月
3月
4月
5月
6月
7月
8月
9月
10月
11月
12月

7・左の《手紙のきまり》を参考にして、現場《げんば》実習のお礼の手紙を書いてみましょう。

《手紙のきまり》
①時候のあいさつ
②相手の様子を尋《たず》ねる。
「皆様《みなさま》お元気ですか。」
③用件《ようけん》（伝えたいこと）
・お礼状
「先日の現場実習では、
大変お世話になりました。」
「ありがとうございました。」
・依頼《いらい》状
「お願いします。」

「…してもよろしいでしょうか。」
④相手を気づかう言葉を書く
「朝夕冷え込《こ》む日が続きます。
皆様、お元気でお過《す》ごしください。」
⑤結びの言葉
相手の名前、日付、自分の名前を書く。

①	②	③	④	⑤
				さようなら。 月　日 様

6 インタビューをしよう

インタビューは、調べたいことや知りたいことを相手に直接《ちょくせつ》聞くことです。本当に知りたいことを聞くためには、どんなことに気をつけたらよいでしょうか。

1・次の①～⑤は職場《しょくば》見学するときの、インタビューの計画です。（　）にあてはまる言葉を左の□から選び、（　）に書きましょう（同じ言葉を二度使ってもよい）。

①電話で、見学する（　　　　　　　　）を約束する。

②見学する場所について調べたり、（　　　　　　　　）を考えたりする。

③質問《しつもん》は、（　　　　　　　　）にしてまとめておく。

④（　　　　　　　　）言葉づかいでインタビューする。

⑤（　　　　　　　　）を利用して、見学してきたことを発表する。

ていねいな　日時　メモ　質問

2・次の①〜③は電話をかけるときに大切なことです。合っているものに○を、まちがっているものに×を（　）に書きましょう。

①相手を確《たし》かめる。（　）

②自分の名前はしっかり言うが、学校名は言わない。（　）

③約束した後、必ず確認《かくにん》をとる。（　）

3・次の①〜⑤はインタビューで大切なことです。（　）の中でふさわしい言葉を一つ選び、その言葉に○をつけましょう。

①わかりやすく（　短い　／　長い　）言葉で話す。

②聞きたいことをまとめ、（　メモ　／　録画　）できるように準備《じゅんび》しておく。

③相手が気持ちよく話せるように、（　友達　／　ていねいな　）言葉で話す。

④教えてほしいという気持ちが伝わるように、（　ていねい　／　必死　）な態度《たいど》で話す。

⑤相手が話したことに、関係の（　ない　／　ある　）質問をする。

7 新聞を作ろう

学校生活の様子《ようす》を知らせる新聞を発行することにしました。

1・次のワークシートを用いて編集《へんしゅう》会議をしましょう。取り上げる内容《ないよう》にチェックを書き、担当《たんとう》者を決めましょう。担当者が決まったら、ワークシートに名前を書きましょう。

チェック	記事の内容	担当者名
☐	① いろいろな学習	
☐	② 行事	
☐	③ 社会見学	
☐	④ 現場《げんば》実習・職場《しょくば》体験	
☐	⑤ 友達や先生に取材、アンケート	
☐	⑥ その他	

2・次の表を用いて、自分が担当する記事をまとめましょう。

記者名	
見出し	
いつ	
どこで	
だれが	
なにを	
なぜ（理由）	
どのように	
感想	

※担当ごとにまとまったら、模造《もぞう》紙に新聞をまとめましょう。

8 辞書《じしょ》を活用《かつよう》しよう

辞典《じてん》の使い方を覚えて、言葉の意味や漢字の読み書き・意味を調べてみましょう。国語辞典では、言葉が五十音順に並《なら》んでいます。漢字辞典で漢字を探《さが》すには、音訓《おんくん》や部首、総画《そうかく》で調べる方法があります。

1・次の——の言葉を使うときに、どんな漢字を書けばいいでしょうか。国語辞典で調べ、漢字と送りがなを（　）に書きましょう。

①授業《じゅぎょう》のはじめのあいさつの号令をかける。（　　　）

②成功をおさめる。（　　　）

③紅茶《こうちゃ》がさめる。（　　　）

④修学旅行《しゅうがくりょこう》で京都駅《きょうとえき》についた。（　　　）

⑤試合にやぶれる。（　　　）

2・次の言葉の意味を、国語辞典を使って調べ、（　）に書きましょう。

①自信《じしん》（　）

自身《じしん》（　）

②両親《りょうしん》（　）

良心《りょうしん》（　）

③旧友《きゅうゆう》（　）

級友《きゅうゆう》（　）

3・次の——の漢字の使い方が合っているか国語辞典で調べましょう。使い方に間違《まちが》いがあるときは、（　）に正しい漢字を書きましょう。

①暖《あたた》かいお茶を飲む。↓（　）

②病気を直す。↓（　）

4・次の漢字の総画数を調べ、（　）に書きましょう。

①人（　　）画　②休（　　）画

③海（　　）画　④思（　　）画

⑤辺（　　）画　⑥国（　　）画

⑦整（　　）画　⑧築（　　）画

5・次の部首の名前を調べ、上の（　）に書きましょう。また、部首の画数を下の（　）に書きましょう。

（例）扌（てへん）（三）画

①亻（　　）（　　）画

②忄（　　）（　　）画

③辶（　　）（　　）画

④宀（　　）（　　）画

⑤頁（　　）（　　）画

⑥囗（　　）（　　）画

6・次の漢字の部首を上の（　）に書き、部首の名前を下の（　）に書きましょう。

（例）温（氵）（さんずい）

① 加（　　）（　　）

② 災（　　）（　　）

③ 曜（　　）（　　）

④ 開（　　）（　　）

⑤ 種（　　）（　　）

7・好きな漢字を選んで、漢字辞典で調べてみましょう。調べたら、表のあいているところに「例」のように書きましょう。

漢字	読み方	部首	部首名	言葉
（例）港	こう・みなと	氵	さんずい	空港・港町・港湾《こうわん》

9

調べて発表しよう

私《わたくし》たちは卒業後、社会の中で生活をします。地域《ちいき》の中で決まりを守って生活するために必要なことを、調べてまとめましょう。

1・「粗大《そだい》ごみの処理《しょり》の仕方」について、資料《しりょう》を読んでまとめましょう。

① 「粗大ごみ」とは何か、まとめましょう。

● 資料の大切だと思う言葉や部分に、線を引きましょう。

● 難《むずか》しい言葉の意味を調べ、左の□に書きましょう。

粗大ごみとは

原則《げんそく》として、最大辺《さいだいへん》がおおむね30㎝以上の大型のごみが粗大ごみです。具体的には、一般家庭《いっぱんかてい》から排出《はいしゅつ》される家具、布団《ふとん》、各種《かくしゅ》電化製品《でんかせいひん》、自転車などになります。粗大ごみの処理は申込制《もうしこみせい》となっており、有料での排出となります。店舗《てんぽ》などで事業用として使用されていたものは収集《しゅうしゅう》しません。

＊エアコン、テレビ、冷蔵庫《れいぞうこ》、洗濯機《せんたくき》、衣《い》類乾燥機《るいかんそうき》とパソコンは対象外です。

●右ページの資料からあてはまる言葉を探《さが》し、（　）に書きましょう。

・粗大ごみとは、いちばん大きな辺が（　　　　　）cm以上の大型のごみ。

・具体的には、（　　　　　）から出される家具、（　　　　　）、

各種電化製品、（　　　　　）などである。

・粗大ごみの処理は（　　　　　）で、有料となっている。

・対象にならないのは、（　　　　　）、テレビ、（　　　　　）、

（　　　　　）、衣類乾燥機とパソコンである。

② 「粗大ごみの処理の仕方」をまとめましょう。

粗大ごみの出し方

手順1　粗大ごみ受付センターに申し込む

〈申込先〉　粗大ごみ受付センター

［電話受付］03－××××－○○○○

受付時間：13時～16時　月～金

［インターネット受付］　http://sodai.△△△△

24時間受付

パソコン及びスマートフォンから申し込みができます。

＊出し方には、収集を依頼《いらい》する方法と、粗大ごみセンターへお持ち込みいただく方法とがあります。申込時にお選びください。

手順2　粗大ごみ処理券《しょりけん》を購入《こうにゅう》する

・受付センターで案内した種類と枚数《まいすう》の粗大ごみ処理券を購入してください。コンビニエンスストア、処理券販売所《はんばいじょ》で販売しています。

手順3　収集日（または持込日）に、粗大ごみを出す

＊粗大ごみ処理券を粗大ごみに貼《は》ってください。

（1）収集の場合

収集日の午前8時までに、指定した場所に出してください。

（2）持ち込みの場合

場所　粗大ごみセンター

持込時間　月曜から金曜→13時～16時

●右ページの資料からあてはまる言葉を探し、（　）に書きましょう。

粗大ごみの処理の仕方

手順1

（　　　　　　　　　　　　）に申し込む。

申し込み方法は二つ

①電話

②（　　　　　　　　　　　　）

☆気を付けること

粗大ごみを（　　　　　　　　　　　　）してもらうか、センターに持っていくかを決めておくこと

手順2

（　　　　　　　　　　　　）を購入する。

☆売っている所

（　　　　　　　　　　　　）、処理券販売所

手順3

粗大ごみを出す（ごみ処理券を貼ること）。

①収集…収集日の午前（　　　　）時までに指定された場所に出す。

②持ち込み…（　　　　　　　　　　）に持っていく。

月曜～金曜の（　　　　）時～（　　　　）時

10 俳句《はいく》を作ろう

俳句は、体験したことや感じたことなどを、「五・七・五」の音を組み合わせた十七音で表現《ひょうげん》する短い詩です。日本語の美しさを感じながら、短い言葉の中に自分の思いを表現してみましょう。

1・俳句についてまとめましょう。（　）にあてはまる言葉を書きましょう。

・俳句とは、体験したことや感じたことなどを、「五・七・五」の音を組み合わせた（　　　　　　）音で表現する短い詩。

・四季の季節感を表す（　　　　　　）を入れるという約束がある。

・俳句は（　　　　　　）時代に盛《さか》んになった。（　　　　　　）、与謝蕪村《よさぶそん》、（　　　　　　）などの有名な人が活躍《かつやく》した。

2・俳句を鑑賞《かんしょう》しましょう。（　）にあてはまる言葉を書きましょう。
また、俳句をよんだ感想を□に書きましょう。

①古池や　蛙《かわず》飛びこむ　水の音　松尾芭蕉《まつおばしょう》

（　　　　）に、突然《とつぜん》（　　　　）が飛びこんで、周囲の静けさがやぶられた。その後は、前にくらべて深い静けさがもどってきた。

感想

②うまそうな　雪がふうわり　ふわりかな　小林一茶《こばやしいっさ》

大きな（　　　　）が、ふわりふわりと静かに降《ふ》ってくる。なんとおいしそうなことだろう。

感想

3・学校の行事で体験したこと、感じたことをもとに俳句を作ってみましょう。

①メモを作りましょう。

行事	季節	言葉（気持ちや様子を表す言葉も探《さが》してみよう。）
(例) 運動会	秋	リレー　最後の運動会　応援《おうえん》ありがとう バトン練習　走れ　青空　はちまき 緊張《きんちょう》　ドキドキ　さわやかな風　なみだ

②選んだ言葉を「五・七・五」で文字のリズムに整えてみましょう。
言葉をかえたり、順番をかえたり、くふうしてみましょう。

（例）あきのかぜ さいごのりれー はしりきる

③完成した俳句を書きましょう。

11 百《ひゃく》人《にん》一《いっ》首《しゅ》を楽しもう

百人一首は、鎌倉《かまくら》時代の代表的な歌人である藤原定家《ふじわらのていか》が、百人の和歌を一首ずつ選んでまとめたものです。

1・百人一首についてまとめましょう。（　）にあてはまる言葉を書きましょう。

百人一首は、（　　　　　）時代から（　　　　　）時代の代表的な歌人百人の（　　　　　）を一首ずつ選んだものです。百の和歌を札に書き、カルタのようにして遊ぶことができます。絵札が読み札、文字札が取り札として使われます。文字札には和歌の（　　　　　）が書かれています。

2・百人一首の和歌を鑑賞《かんしょう》しましょう。（　）にあてはまる言葉を書きましょう。また、和歌をよんだ感想を□に書きましょう。

ひさかたの　光のどけき　春の日に
しづ心なく　花の散るらむ

紀《きの》　友則《とものり》

こんなにのどかな（　　　　　）がさす春の日に、どうして　落ち着いた心もなく桜《さくら》は散っているのだろうか。

感想

枕詞《まくらことば》…和歌などで、調子を整えたり印象を強めたりする言葉。特定の言葉の前につく。

（例）ひさかたの—光・天・空　　あしひきの—山・峰《みね》

12

本に親《した》しもう

あらすじや気持ちを読み取り、心に残ったことを発表しましょう。

1・次の文章は、有名な詩のはじめの部分です。

雨ニモマケズ
風ニモマケズ
雪ニモ夏ノ暑サニモマケヌ
丈夫《じょうぶ》ナカラダヲモチ
欲《よく》ハナク
決シテ瞋《いか》ラズ
イツモシズカニワラッテイル

(問一) この詩の題名は何ですか。㋐～㋒から一つ選び、下の□に記号で答えましょう。

㋐ 雨ニモ負ケズ　㋑ 永訣《えいけつ》の朝
㋒ 銀河鉄道《ぎんがてつどう》の夜

□

(問二) この詩の作者である宮沢賢治の、他の作品の題名に○をつけましょう（三つあります）。

（　）吾輩《わがはい》は猫《ねこ》である　（　）よだかの星
（　）セロ弾《ひ》きのゴーシュ　（　）モモ
（　）注文の多い料理店

2・好きな詩を選んで朗読《ろうどく》し、友達と聞き合いましょう。

◎朗読をするときに気を付けること

①読むときの速さや、声の大きさを考えて読みましょう。

②声の調子や声の高さや低さを考えて読みましょう。

③場面の様子がわかるように、読みましょう。

④強く心に感じたことがある部分が、聞いている人に伝わるように読みましょう。

⑤好きな部分を暗唱してみましょう。

◎自分が朗読するとき、工夫《くふう》したところを書きましょう。

◎友達の朗読のよいところを書きましょう。

3・次の文章を読み、下の問いに答えましょう。

百羽のつる　花岡大学

つめたい月の光でこうこうと明るい、①夜ふけの広い空でした。

そこへ、北の方から、真っ白な羽をひわひわと鳴らしながら、②百羽のつるがとんできました。

百羽のつるは、みんなおなじ速さで、白い羽を、ひわひわと動かしていました。首をのばしてゆっくりゆっくりととんでいるのは、つかれているからでした。

（問一）――①「夜ふけ」の意味を、左の□に書きましょう。

□

（問二）――②「百羽のつるがとんできました」とあります。つるの様子で正しいものを選び、左の□に記号で答えましょう。

㋐ 白い羽をばたばたと動かしている。

㋑ ばらばらの速さでそれぞれがとんでいる。

㋒ 首をのばしてゆっくりとんでいる。

㋓ つかれはみえない。

□

みんなが、少しばかり速くとび始めたので、子どものつるは、ついていこうとして、しにものぐるいでとびました。

③それがいけなかったのです。

あっという間に、羽が動かなくなってしまい、すいこまれるように、下へ落ち始めました。

だが、④子どものつるは、みんなに助けをもとめようとは思いませんでした。もうすぐだとよろこんでいるみんなのよろこびを、こわしたくなかったからです。

〈問三〉――③「それ」とは何ですか。㋐～㋒から正しいものを一つ選び、左の□に記号で答えましょう。

㋐ みんなが、少し速くとんだこと。

㋑ 子どものつるが、しにものぐるいでついていこうとしたこと。

㋒ あっという間に、羽が動かなくなったこと。

〈問四〉――④「子どものつるは、みんなに助けをもとめようとは思いませんでした」とありますが、それはなぜですか。左の□に、その理由を書きましょう。

前をとんでいた⑤九十九羽のつるが、いっせいに、さっと、下へ下へと落ち始めたのです。子どものつるよりも、もっと速く、月の光をつらぬいてとぶ銀色の矢のように速く落ちました。
　そして、落ちていく子どものつるを追いぬくと、黒々とつづく大森林の真上のあたりで、九十九羽のつるは、さっと羽を組んで、⑥一まいの白いあみとなったのでした。

（問五）―⑤「九十九羽のつるが、いっせいに、さっと、下へ下へと落ち」たことを、別のことに例えて表現《ひょうげん》しているところがあります。本文から探《さが》して、左の□に十五字で書きましょう。

（問六）―⑥「一まいの白いあみ」とは、何を表現したものですか。（　）にふさわしい言葉を本文から探《さが》して書きましょう。

（　　　）羽のつるが、さっと
（　　　）を組んだ様子。

4・「百羽のつる」を読んで、心に残ったことを書きましょう。

①心に残った文章をぬき出してみましょう。

②どうしてその文章が心に残ったのか、理由を書きましょう。

13 わたしの物語を書こう

高校卒業までの十八年間を振《ふ》り返り、自分の成長を確《たし》かめながら「わたしの本」を作りましょう。幼少《ようしょう》時代・小学校時代・中学校時代・高校時代・十年後から三つ選び、文章を考えましょう。プロフィールも考えましょう。

◎わたしのプロフィール（生年月日、趣味《しゅみ》、宝物《たからもの》、わたしの良いところなど）

生年月日		趣味	
家族		わたしの宝物	
良いところ		直したいところ	
好きな言葉		好きな食べ物	
好きな時間			

◎（　　　　　　）時代のわたし

◎（　　　　　　）時代のわたし

◎（　　　　　　）時代のわたし

14 表現《ひょうげん》力を高めよう

私《わたくし》たちの身の回りには、いろいろな言い回しの言葉があります。その中には、書いてあるとおりの言葉とは違《ちが》う意味のものや、使い方が決まっている言い方があります。これらを理解《りかい》すると、会話をしたり文章を書いたりするときに、わかりやすい表現をすることができます。

1・次の文を読んで、違いをくらべてみましょう。本当にあったことが書かれている文はどちらでしょう。あてはまる文の（　）に○を書きましょう。

①・台風の影響《えいきょう》で電車が止まった。（　）
・台風の影響で電車が止まりそうだ。（　）

②・理科の授業《じゅぎょう》では、実験をするようだ。（　）
・理科の授業では、実験をした。（　）

2・次の慣用句《かんようく》の意味を調べ、（　）に書きましょう。また、慣用句を使った例文を考え、（　）に書きましょう。

①口がうまい（　　）
例文…（　　）

②歯がたたない（　　）
例文…（　　）

③鬼《おに》に金棒《かなぼう》（　　）
例文…（　　）

④腹《はら》を決める（　　）
例文…（　　）

⑤根も葉もない（　　）
例文…（　　）

3・（　）に、「だから」「けれども」のどちらかを選んで書きましょう。

①　雨が降《ふ》った。（　　　　）試合が中止になった。

②　自転車のタイヤがパンクしてしまった。（　　　　）けがはしなかった。

③　あまり復習《ふくしゅう》をしなかった。（　　　　）テストの点数は良かった。

④　合唱発表会の前に一生けんめい練習した。（　　　　）優勝《ゆうしょう》できた。

⑤　朝、桜《さくら》がきれいに咲《さ》いていた。（　　　　）帰りには散ってしまっていた。

4・次の――の言葉を、目上の人と話をする場面を想像《そうぞう》して、敬語《けいご》を使って□に書き直しましょう。

①「実習では、いろいろとていねいに教えてくれてありがとうございました。」

②「もらった資料《しりょう》は、これからも参考にします。」

③「今日は、お母さんと見学に来ました。」

④「記念式典に、社長が来ました。」

15

あいさつや会話をする力を高めよう

人と人の信頼《しんらい》関係を作っていくためには「言葉」のやりとりと、その場に合った態度《たいど》がとても大切です。さまざまな場面を思い浮《う》かべて練習しましょう。

1・場面にふさわしい言葉を考え、□に書きましょう。

①周囲の人が忙《いそが》しそうに働いているのに、どうしても聞きたいことがあるとき。

②用事があって急いで帰りたいのに、会社の先輩《せんぱい》に一緒《いっしょ》に帰ろうと誘《さそ》われたとき。

③一度、説明してもらったのに、よくわからなくてもう一度聞きたいとき。

④具合が悪くて、仕事を早退《そうたい》したいとき。

⑤インフルエンザにかかってしまい、会社を休んでいて、久《ひさ》しぶりに出勤《しゅっきん》したとき。

2・「感情《かんじょう》」を表す言葉を探《さが》して、表に書きましょう。

うれしい	（例）うきうきする
悲しい・つらい	（例）しょんぼりする
おどろき	（例）飛び上がる

16

資料《しりょう》

資料・領収書《りょうしゅうしょ》　それぞれの領収書からわかることを考えて、（　）に書きましょう。

領　収　書　　No.

○○製作所　殿

¥1575＿

但し　文房具代として

上記の金額正に領収いたしました。

平成 29 年 10 月 10 日

株式会社　淡路町文具店

東京都千代田区神田淡路町5丁目13

①支払《しはら》った金額《きんがく》

（　　　　　　　　　　　　　　　　）

②買ったもの

（　　　　　　　　　　　　　　　　）

③買い物をしたお店の名前

（　　　　　　　　　　　　　　　　）

村のグッドステーション

KUMASAN

［領収証］

坂出綾坂通店

香川県坂出市府中町綾坂***

電話；0877-48-****

2016年7月23日（土）07：49

カレールー		
240	2個	480
タマゴ		168
コンソメスープ		
134	3個	402
合計		**￥1,050**
（内消費税等		￥84）
点　数		6個

上記正に領収いたしました

お預り	￥1,100
お　釣	￥50

①買い物をしたお店の名前

（　　　　　　　　　　　　　　　　　　）

②買い物をした日付・時間

（　　　　　　　　　　　　　　　　　　）

③買ったコンソメスープの数

（　　　　　　　　　　　　　　　　　　）

④お釣《つ》りの金額

（　　　　　　　　　　　　　　　　　　）

下の枠《わく》に、必要なことを入れてみましょう。

・名前	・年齢《ねんれい》	・性別《せいべつ》
・電話番号	・定期の種類	・新規《しんき》か継続《けいぞく》か
・乗車区間	・使用開始日	・有効《ゆうこう》期間
・支《し》払《はらい》方法		

定期券購入《こうにゅう》申込書

オナマエ（カタカナ）		年齢　　歳《さい》
	男	女

電話番号					—						—				

種　　類	通勤《つうきん》・通学	新規・継続
乗車区間	駅から	
	駅まで	
経　　由		
使用開始日	平成　　年　　月　　日から	
有効期間	1ヶ月	3ヶ月	6ヶ月
支払方法	現金《げんきん》　・　カード	

○注意事項《じこう》に気を付けて、履歴書に書き込《こ》んでみましょう。

履歴書を書くときの注意事項《じこう》

・履歴書は鉛筆《えんぴつ》以外の黒または青の筆記具で記入します。
・まちがえることのないように、鉛筆で薄《うす》く下書きしてから書きます。
・1文字ずつていねいに書きます。
・本当のことを正確《せいかく》に書きます。
・写真はきちんとした服装で撮《と》りましょう。
・写真の裏《うら》に氏名を書いてから、のりでしっかりはります。

年	月	

年	月	免　許・資　格

志望の動機、特技、好きな学科など		
	通勤時間 約　　　時間　　　分	
	扶養家族数(配偶者を除く) 人	
	配偶者 ※ 有・無	配偶者の扶養義務 ※ 有・無

本人希望記入欄(特に給料・職種・勤務時間・勤務地・その他についての希望などがあれば記入)

保護者(本人が未成年者の場合のみ記入) ふりがな		電話
氏　名	住　所　〒	

リサイクルペーパーを使用しております。　コクヨ

履 歴 書

年　　月　　日現在

写真をはる位置

写真をはる必要がある場合
1. 縦 36 ～ 40 mm
　横 24 ～ 30 mm
2. 本人単身胸から上
3. 裏面のりづけ

ふりがな 氏　名	
年　　月　　日生（満　　歳）	※ 男・女

ふりがな 現住所 〒	電話
ふりがな 連絡先 〒　（現住所以外に連絡を希望する場合のみ記入） 方	電話

年	月	学歴・職歴（各別にまとめて書く）

記入上の注意　1. 鉛筆以外の黒又は青の筆記具で記入。　2. 数字はアラビア数字で、文字はくずさず正確に書く。
3. ※印のところは、該当するものを○で囲む。

Y

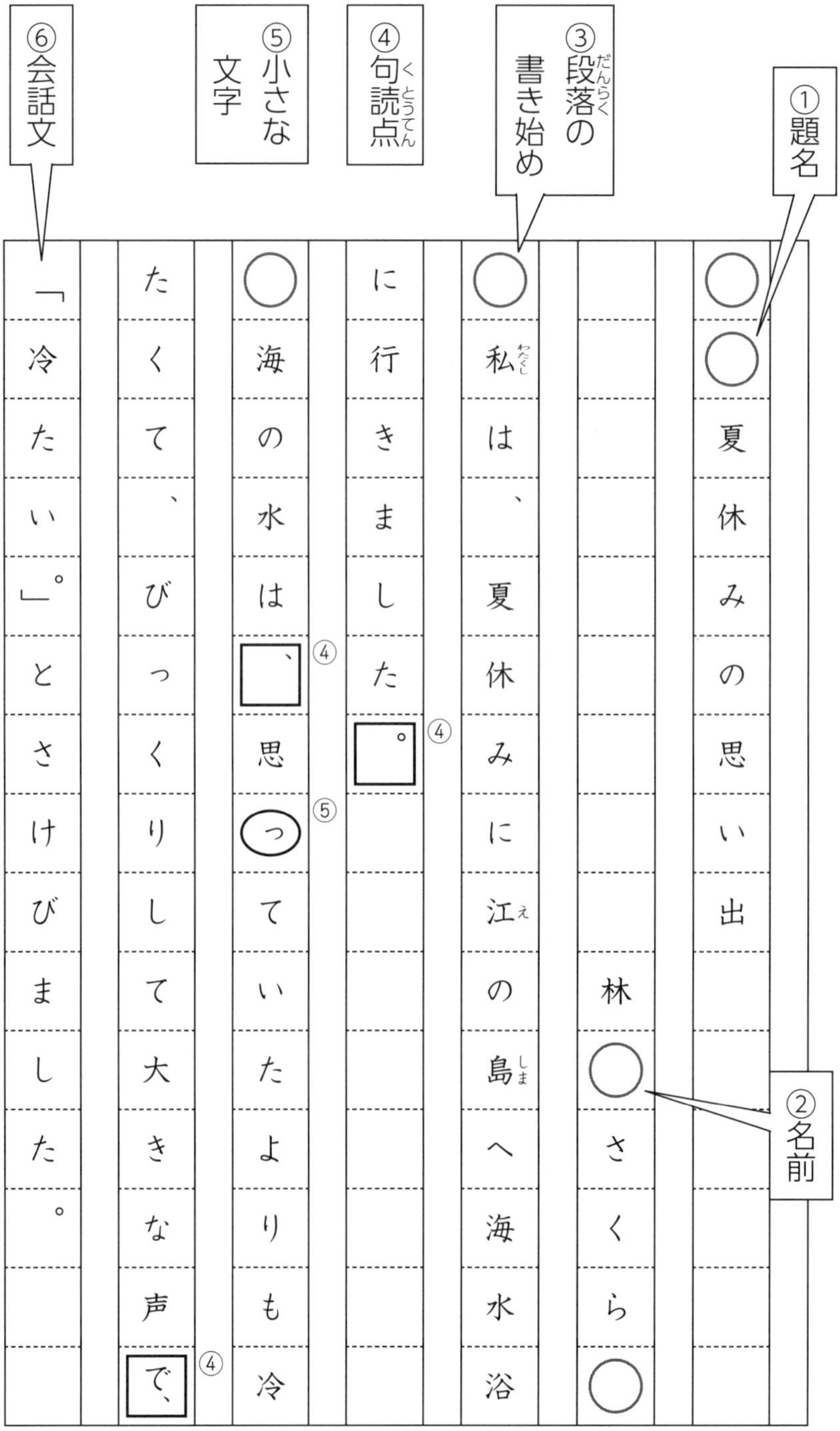
①題名
②名前
③段落《だんらく》の書き始め
④句読点《くとうてん》
⑤小さな文字
⑥会話文
夏休みの思い出
林　さくら
私《わたくし》は、夏休みに江《え》の島《しま》へ海水浴
に行きました。
海の水は、思っていたよりも冷
たくて、びっくりして大きな声で、
「冷たい。」とさけびました。
④
④
⑤
④

①題名	上を二・三マス空けて書きます。
②名前	下を一・二マス空けます。 苗字《みょうじ》と名前の間を一マス空けます。
③段落の書き始め	上を一マス空けます。
④句読点	（。）（、）は一マスに一つ書きます。 句読点がマスの最後にくるときは、最後のマスに文字と一緒《いっしょ》に書きます。
⑤小さな「っ」「ゃ」「ゅ」「ょ」	小さな文字と同じように一マスに一つずつ書きます。
⑥会話文「　」（かぎかっこ）の使い方	会話文は「　」（かぎかっこ）を用《もち》いて書きます。 会話文の終わりの句点（。）とかぎかっこは同じマスに入れます。

作文の書き方　文の構成《こうせい》

文の構成は、「はじめ」、「なか」、「おわり」の三つを考えて作りましょう。

はじめ	これから書くことについて簡単《かんたん》に説明します。
なか	具体的な出来事・体験や感想を書きます（どんなことについて自分はどう思ったのか、それはなぜか、など）。
おわり	文章のまとめ。出来事や体験を通して考えたこと、学んだこと、これからそれをどう生かしていきたいかなどを書きます。

作文ワークシート　文の構成を考えて、ワークシートにまとめましょう。

はじめ	なか	おわり

● 監修

明官　茂（めいかん　しげる）

独立行政法人国立特別支援教育総合研究所研修事業部長《兼》上席総括研究員

元東京都立町田の丘学園校長、元全国特別支援学校知的障害教育校長会会長

● 執筆　※執筆順、執筆箇所、所属は執筆時。

湯川　英高（東京都立町田の丘学園）…… 1.2.3.4.5.16

毛利磨衣子（東京都立小平特別支援学校）…… 6.7.12.13.16

朝利　啓子（東京都立志村学園）…… 8.9.10.11.14.15.16

くらしに役立つワーク国語

2017（平成29）年11月28日　初版第１刷発行
2024（令和６）年３月１日　初版第４刷発行

監　　修：明官　茂
発 行 者：錦織　圭之介
発 行 所：株式会社　東洋館出版社
〒101-0054　東京都千代田区神田錦町2丁目9番1号
コンフォール安田ビル2階
代　表　電話03-6778-4343　FAX03-5281-8091
営業部　電話03-6778-7278　FAX03-5281-8092
振替　00180-7-96823　URL　https://www.toyokan.co.jp
編集協力：株式会社あいげん社
装　　丁：株式会社明昌堂
印刷製本：藤原印刷株式会社

ISBN978-4-491-03360-0　　Printed in Japan

くらしに役立つ
ワーク
国語
解答編

4 電話を利用しよう

電話は私《わたし》たちの生活に必要なものです。相手に自分の伝えたいことを正しく伝えたり、めいわくをかけたりしないように、電話の使い方やマナーを知ることが大切です。

1・電話のマナーについて、（　）にあてはまる言葉を下の□から選んで、記号を書きましょう。

①まずは自分の（オ）を名乗り、（イ）の名前を確《たし》かめる。
②まちがい電話をしたときは、（エ）から電話を切る。
③（サ）な言葉で話し、大切なことは（ク）。
④最後は、「（キ）」「さようなら」とあいさつをして、静かに切る。
⑤朝早い時間や、（コ）時間にはかけない。どうしても必要なときは、「朝早くすみません」「夜遅《おそ》くにすみません」と言う。
⑥（ケ）電話をしない。
⑦緊急《きんきゅう》の電話《警察《けいさつ》・消防《しょうぼう》など》は（ウ）にかけて、必要なことをきちんと伝える。

ア 昼間
イ 相手
ウ 正確《せいかく》
エ あやまって
オ 名前
カ 短い
キ 失礼します
ク メモをとる
ケ 長
コ 夜遅い
サ ていねい

2・欠席の連絡《れんらく》をします。（　）に自分のことを書きましょう。

おはようございます。

（　　　）特別支援《とくべつしえん》学校です。

おはようございます。（ ）年（ ）組
（　　　　　）です。

（　　　　）先生をお願いします。

（　　　　）先生ですね。かわりますから少し待ってください。

はい、お待たせしました。

（　　　　）です。

（　　　　）先生、おはようございます。

（　　　　　）です。今朝《けさ》は熱が38度もあります。これから病院に行きます。学校をお休みさせてください。

わかりました。病院から帰ったら、様子を聞かせてくださいね。お大事に。

・メモを参考に、実習先に電話をかける練習をしてみましょう。

おはようございます。株式《かぶしき》会社
（　　　　　）ですか？
はい、株式会社（　　　　　）
です。おはようございます。
私は、（　　　）特別支援学校の
（　　　）です。このたび実習
でお世話になります。実習担当の
（　　　）様お願いします。
はい、（　　　）です。
このたびは実習でお世話になります。実習の打ち合わせにうかがいたいのですが、ごつごうはいかがでしょうか？
では、明日の午後（ ）時に来てください。
はい、わかりました。午後（ ）時にうかがいます。よろしくお願いいたします。

5 手紙を書こう

手紙は、お世話になった人への感謝《かんしゃ》の気持ちを伝えるときや、季節のあいさつをするときに、大変便利です。

1・季節や、必要に応《おう》じて出すはがきがあります。それぞれ何と言いますか。□に書きましょう。

○夏の暑い時期に、相手の健康を気づかう便り　［暑中見舞い］
○新年を祝うあいさつ状《じょう》　［年賀状］
○家族や親戚《しんせき》が亡《な》くなった時、新年のあいさつをしないことを相手に知らせるはがき　［喪中はがき］

p24-25

4・「例」を参考にして、年賀状《ねんがじょう》の裏面（文面）を考えましょう。

（例）

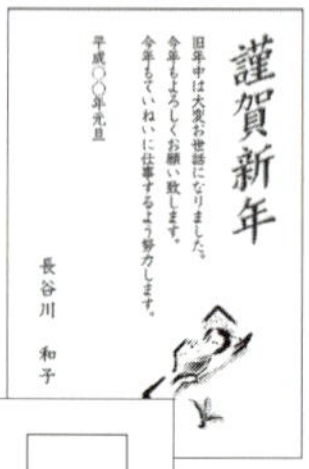

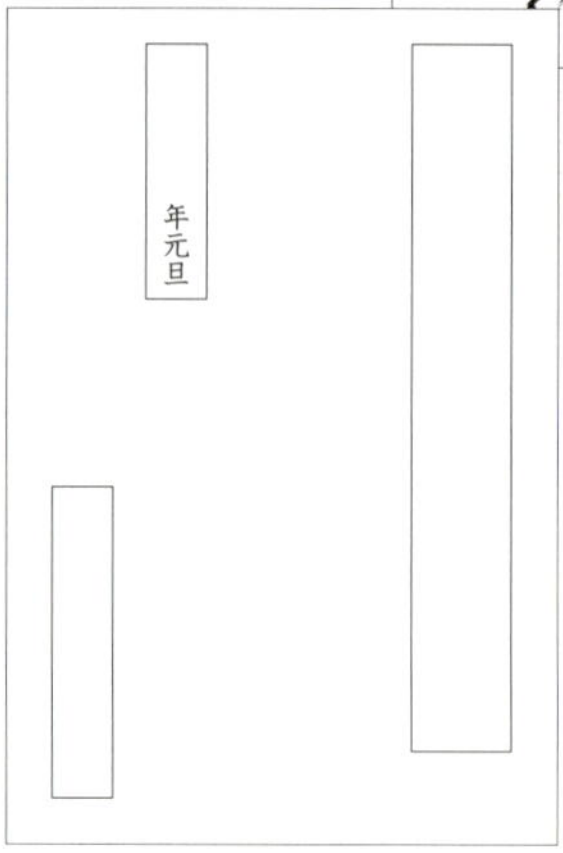

5・往復《おうふく》はがきの返信の文面を、「出席する場合」を参考にして、「欠席する場合」の返事を書きましょう。

〈返信の文面〉

（例）出席する場合

同窓会《どうそうかい》に　（御出席）　いたします
~~御欠席~~

~~御~~住所
〒340-××××
埼玉県さいたま市○○町123

電話番号
0480-123-△△△

~~御芳~~名《ごほうめい》
宮下　□□□

○欠席する場合

同窓会に　~~御出席~~　いたします
（御欠席）

~~御~~住所　住所

電話番号　電話番号

~~御芳~~名　名前

p28-29

6 インタビューをしよう

インタビューは、調べたいことや知りたいことを相手に直接《ちょくせつ》聞くことです。本当に知りたいことを聞くためには、どんなことに気をつけたらよいでしょうか。

1・次の①～⑤は職場《しょくば》見学するときの、インタビューの計画です。（　）にあてはまる言葉を左の□から選び、（　）に書きましょう（同じ言葉を二度使ってもよい）。

①電話で、見学する（　日時　）を約束する。
②見学する場所について調べたり、（　質問　）を考えたりする。
③質問《しつもん》は、（　メモ　）にしてまとめておく。
④（　ていねいな　）言葉づかいでインタビューする。
⑤（　メモ　）を利用して、見学してきたことを発表する。

ていねいな　日時　メモ　質問

2・次の①～③は電話をかけるときに大切なことです。合っているものに○を、まちがっているものに×を（　）に書きましょう。

①相手を確《たし》かめる。（　○　）
②自分の名前はしっかり言うが、学校名は言わない。（　×　）
③約束した後、必ず確認《かくにん》をとる。（　○　）

3・次の①～⑤はインタビューで大切なことです。（　）の中でふさわしい言葉を一つ選び、その言葉に○をつけましょう。

①わかりやすく（（短い）／長い）言葉で話す。
②聞きたいことをまとめ、（（メモ）／録画）できるように準備《じゅんび》しておく。
③相手が気持ちよく話せるように、（友達／（ていねいな））言葉で話す。
④教えてほしいという気持ちが伝わるように、（（ていねい）／必死）な態度《たいど》で話す。
⑤相手が話したことに、関係の（ない／（ある））質問をする。

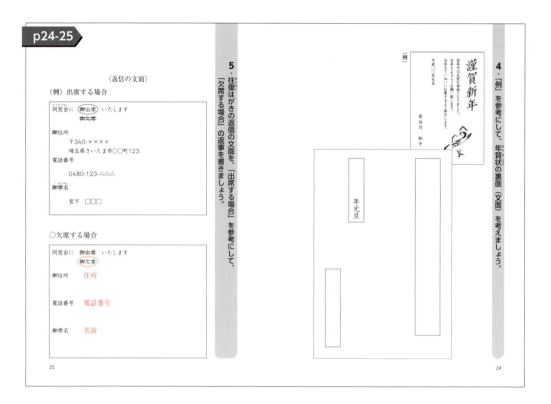

8 辞書《じしょ》を活用《かつよう》しよう

辞典《じてん》の使い方を覚えて、言葉の意味や漢字の読み書き・意味を調べてみましょう。国語辞典では、言葉が五十音順に並《なら》んでいます。漢字辞典で漢字を探《さが》すには、音訓《おんくん》や部首、総画《そうかく》で調べる方法があります。

1・次の——の言葉を使うときに、どんな漢字を書けばいいでしょうか。国語辞典で調べ、漢字と送りがなを（ ）に書きましょう。

①授業《じゅぎょう》のはじめのあいさつの号令をかける。（始め）
②成功をおさめる。（収める）
③紅茶《こうちゃ》がさめる。（冷める）
④修学旅行《しゅうがくりょこう》で京都駅《きょうとえき》についた。（着いた）
⑤試合にやぶれる。（敗れる）

2・次の言葉の意味を、国語辞典を使って調べ、（ ）に書きましょう。

①自信《じしん》（自分の能力などを信じること　など）
自身《じしん》（自分　など）
②両親《りょうしん》（父と母）
良心《りょうしん》（良いことをしようとする心の働き　など）
③旧友《きゅうゆう》（昔の友人　など）
級友《きゅうゆう》（同じ組の友達）

3・次の——の漢字の使い方が合っているか国語辞典で調べましょう。使い方に間違《まちが》いがあるときは、（ ）に正しい漢字を書きましょう。

①暖《あたた》かいお茶を飲む。→（温かい）
②病気を直す。→（治す）

4・次の漢字の総画数を調べ、（ ）に書きましょう。

①人（二）画　②休（六）画
③海（九）画　④思（九）画
⑤辺（五）画　⑥国（八）画
⑦整（十六）画　⑧築（十六）画

5・次の部首の名前を調べ、上の（ ）に書きましょう。また、部首の画数を下の（ ）に書きましょう。

(例) 扌（てへん）（三）画
①亻（にんべん）（二）画
②忄（りっしんべん）（三）画
③辶（しんにょう（しんにゅう））（三）画
④宀（うかんむり）（三）画
⑤頁（おおがい）（九）画
⑥囗（くにがまえ）（三）画

6・次の漢字の部首を上の（ ）に書き、部首の名前を下の（ ）に書きましょう。

(例) 温（氵）（さんずい）
①加（力）（ちから）
②災（火）（ひ）
③曜（日）（ひへん）
④開（門）（もんがまえ）
⑤種（禾）（のぎへん）

7・好きな漢字を選んで、漢字辞典で調べてみましょう。調べたら、表のあいているところに「例」のように書きましょう。

漢字	読み方	部首	部首名	言葉
(例) 港	こう・みなと	氵	さんずい	空港・港町・港湾《こうわん》

p36-37

9 調べて発表しよう

私《わたし》たちは卒業後、社会の中で生活をします。地域《ちいき》の中で決まりを守って生活するために必要なことを、調べてまとめましょう。

1・「粗大《そだい》ごみの処理《しょり》の仕方」について、資料《しりょう》を読んでまとめましょう。

粗大ごみとは
原則《げんそく》として、最大辺《さいだいへん》がおおむね30cm以上の大型のごみが粗大ごみです。具体的には、一般家庭《いっぱんかてい》から排出《はいしゅつ》される家具、布団《ふとん》、各種《かくしゅ》電化製品《でんかせいひん》、自転車などになります。粗大ごみの処理は申込制《もうしこみせい》となっており、有料での排出となります。店舗《てんぽ》などで事業用として使用されていたものは収集《しゅうしゅう》しません。
＊エアコン、テレビ、冷蔵庫《れいぞうこ》、洗濯機《せんたくき》、衣《い》類乾燥機《るいかんそうき》とパソコンは対象外です。

①「粗大ごみ」とは何か、まとめましょう。
●資料の大切だと思う言葉や部分に、線を引きましょう。
●難《むずか》しい言葉の意味を調べ、左の□に書きましょう。

●右ページの資料からあてはまる言葉を探《さが》し、（　）に書きましょう。
・粗大ごみとは、いちばん大きな辺が（ 30 ）cm以上の大型のごみ。
・具体的には、（ 一般家庭 ）から出される家具、（ 布団 ）、各種電化製品、（ 自転車 ）などである。
※「布団」「自転車」は順序が違っても正解。
・粗大ごみの処理は（ 申込制 ）で、有料となっている。
・対象にならないのは、（ エアコン ）、テレビ、（ 冷蔵庫 ）、（ 洗濯機 ）、衣類乾燥機とパソコンである。
※「エアコン」「冷蔵庫」「洗濯機」は順序が違っても正解。

p38-39

②「粗大ごみの処理の仕方」をまとめましょう。

粗大ごみの出し方
手順1　粗大ごみ受付センターに申し込む
〈申込先〉 粗大ごみ受付センター
［電話受付］03－××××－○○○○
受付時間：13時～16時　月～金
［インターネット受付］ http://sodai.△△△△
24時間受付
パソコン及びスマートフォンから申し込みができます。
＊出し方には、収集を依頼《いらい》する方法と、粗大ごみセンターへお持ち込みいただく方法とがあります。申込時にお選びください。

手順2　粗大ごみ処理券《しょりけん》を購入《こうにゅう》する
・受付センターで案内した種類と枚数《まいすう》の粗大ごみ処理券を購入してください。コンビニエンスストア、処理券販売所《はんばいしょ》で販売しています。

手順3　収集日（または持込日）に、粗大ごみを出す
＊粗大ごみ処理券を粗大ごみに貼《は》ってください。
（1）収集の場合
収集日の午前8時までに、指定した場所に出してください。
（2）持ち込みの場合
場所　粗大ごみセンター
持込時間　月曜から金曜→13時～16時

●右ページの資料からあてはまる言葉を探し、（　）に書きましょう。
粗大ごみの処理の仕方
手順1 （ 粗大ごみ受付センター ）に申し込む。
申し込み方法は二つ
①電話
②（ インターネット ）
☆気を付けること
粗大ごみを（ 収集 ）してもらうか、センターに持っていくかを決めておくこと
手順2 （ 粗大ごみ処理券 ）を購入する。
☆売っている所
（ コンビニエンスストア ）、処理券販売所
手順3 粗大ごみを出す（ごみ処理券を貼ること）。
①収集…収集日の午前（ 8 ）時までに指定された場所に出す。
②持ち込み…（ 粗大ごみセンター ）に持っていく。
月曜～金曜の（ 13 ）時～（ 16 ）時

10 俳句《はいく》を作ろう

俳句は、体験したことや感じたことなどを、「五・七・五」の音を組み合わせた十七音で表現《ひょうげん》する短い詩です。日本語の美しさを感じながら、短い言葉の中に自分の思いを表現してみましょう。

1・俳句についてまとめましょう。（　）にあてはまる言葉を書きましょう。

・俳句とは、体験したことや感じたことなどを、「五・七・五」の音を組み合わせた（　十七　）音で表現する短い詩。

・四季の季節感を表す（　季語　）を入れるという約束がある。

・俳句は（　江戸　）時代に盛《さか》んになった。（　松尾芭蕉　）、与謝蕪村《よさぶそん》、（　小林一茶　）などの有名な人が活躍《かつやく》した。

※「松尾芭蕉」「小林一茶」は順序が違っても正解。

2・俳句を鑑賞《かんしょう》しましょう。（　）にあてはまる言葉を書きましょう。
また、俳句をよんだ感想を□に書きましょう。

①古池や　蛙《かわず》飛びこむ　水の音　　松尾芭蕉《まつおばしょう》

（　古池　）に、突然《とつぜん》（　蛙　）が飛びこんで、周囲の静けさがやぶられた。その後は、前にくらべて深い静けさがもどってきた。

感想

②うまそうな　雪がふうわり　ふわりかな　　小林一茶《こばやしいっさ》

大きな（　雪　）が、ふわりふわりと静かに降《ふ》ってくる。なんとおいしそうなことだろう。

感想

11 百人一首《ひゃくにんいっしゅ》を楽しもう

百人一首は、鎌倉《かまくら》時代の代表的な歌人である藤原定家《ふじわらのていか》が、百人の和歌を一首ずつ選んでまとめたものです。

1・百人一首についてまとめましょう。（　）にあてはまる言葉を書きましょう。

百人一首は、（　飛鳥　）時代から（　鎌倉　）時代の代表的な歌人百人の（　和歌　）を一首ずつ選んだものです。百の和歌を札に書き、カルタのようにして遊ぶことができます。絵札が読み札、文字札が取り札として使われます。文字札には和歌の（　下の句　）が書かれています。

2・百人一首の和歌を鑑賞《かんしょう》しましょう。（　）にあてはまる言葉を書きましょう。
また、和歌をよんだ感想を□に書きましょう。

ひさかたの　光のどけき　春の日に
しづ心なく　花の散るらむ　　紀《きの》　友則《とものり》

こんなにのどかな（　光　）がさす春の日に、どうして　落ち着いた心もなく桜《さくら》は散っているのだろうか。

感想

枕詞《まくらことば》…和歌などで、調子を整えたり印象を強めたりする言葉。特定の言葉の前につく。
(例) ひさかたの―光・天・空　　あしひきの―山・峰《みね》

12 本に親《した》しもう

あらすじや気持ちを読み取り、心に残ったことを発表しましょう。

1・次の文章は、有名な詩のはじめの部分です。

雨ニモマケズ
風ニモマケズ
雪ニモ夏ノ暑サニモマケヌ
丈夫《じょうぶ》ナカラダヲモチ
欲《よく》ハナク
決シテ瞋《いか》ラズ
イツモシズカニワラッテイル

（問一）この詩の題名は何ですか。㋐～㋒から一つ選び、下の□に記号で答えましょう。

㋐ 雨ニモ負ケズ　㋑ 永訣《えいけつ》の朝
㋒ 銀河鉄道《ぎんがてつどう》の夜

［ア］

（問二）この詩の作者である宮沢賢治の、他の作品の題名に○をつけましょう（三つあります）。

（　）吾輩《わがはい》は猫《ねこ》である　（○）よだかの星
（○）セロ弾《ひ》きのゴーシュ　（　）モモ
（○）注文の多い料理店

2・好きな詩を選んで朗読《ろうどく》し、友達と聞き合いましょう。

◎朗読をするときに気を付けること
①読むときの速さや、声の大きさを考えて読みましょう。
②声の調子や声の高さや低さを考えて読みましょう。
③場面の様子がわかるように、読みましょう。
④強く心に感じたことがある部分が、聞いている人に伝わるように読みましょう。
⑤好きな部分を暗唱してみましょう。

◎自分が朗読するとき、工夫《くふう》したところを書きましょう。

◎友達の朗読のよいところを書きましょう。

3・次の文章を読み、下の問いに答えましょう。

百羽のつる　花岡大学

つめたい月の光でこうこうと明るい、①夜ふけの広い空でした。
そこへ、北の方から、真っ白な羽をひわひわと鳴らしながら、②百羽のつるがとんできました。
百羽のつるは、みんなおなじ速さで、白い羽を、ひわひわと動かしていました。首をのばしてゆっくりゆっくりとんでいるのは、つかれているからでした。

（問一）――①「夜ふけ」の意味を、左の□に書きましょう。

［夜中、深夜　など］

（問二）――②「百羽のつるがとんできました」とあります。つるの様子で正しいものを選び、左の□に記号で答えましょう。

㋐ 白い羽をばたばたと動かしている。
㋑ ばらばらの速さでそれぞれがとんでいる。
㋒ 首をのばしてゆっくりとんでいる。
㋓ つかれはみえない。

［ウ］

みんなが、少しばかり速くとび始めたので、子どものつるは、ついていこうとして、しにものぐるいでとびました。
③それがいけなかったのです。
あっという間に、羽が動かなくなってしまい、すいこまれるように、下へ落ち始めました。
だが、④子どものつるは、みんなに助けをもとめようとは思いませんでした。もうすぐだとよろこんでいるみんなのよろこびを、こわしたくなかったからです。

（問三）――③「それ」とは何ですか。㋐～㋒から正しいものを一つ選び、左の□に記号で答えましょう。

㋐ みんなが、少し速くとんだこと。
㋑ 子どものつるが、しにものぐるいでついていこうとしたこと。
㋒ あっという間に、羽が動かなくなったこと。

［イ］

（問四）――④「子どものつるは、みんなに助けをもとめようとは思いませんでした」とありますが、それはなぜですか。左の□に、その理由を書きましょう。

［もうすぐだとよろこんでいるみんなのよろこびを、こわしたくなかったから。］

前をとんでいた⑤九十九羽のつるが、いっせいに、さっと、下へ下へと落ち始めたのです。子どものつるよりも、もっと速く、月の光をつらぬいてとぶ銀色の矢のように速く落ちました。
　そして、落ちていく子どものつるを追いぬくと、黒々とつづく大森林の真上のあたりで、九十九羽のつるは、さっと羽を組んで、⑥一まいの白いあみとなったのでした。

（問五）―⑤「九十九羽のつるが、いっせいに、さっと、下へ下へと落ち」たことを、別のことに例えて表現《ひょうげん》しているところがあります。本文から探《さが》して、左の□に十五字で書きましょう。

月	の	光	を	つ	ら	ぬ	い	て	と	ぶ	銀	色	の	矢

（問六）―⑥「一まいの白いあみ」とは、何を表現したものですか。（　）にふさわしい言葉を本文から探《さが》して書きましょう。
（九十九）羽のつるが、さっと（羽）を組んだ様子。

4・「百羽のつる」を読んで、心に残ったことを書きましょう。

①心に残った文章をぬき出してみましょう。

②どうしてその文章が心に残ったのか、理由を書きましょう。

14 表現力《ひょうげん》を高めよう

私《わたし》たちの身の回りには、いろいろな言い回しの言葉があります。その中には、書いてあるとおりの言葉とは違《ちが》う意味のものや、使い方が決まっている言い方があります。これらを理解《りかい》すると、会話をしたり文章を書いたりするときに、わかりやすい表現をすることができます。

1・次の文を読んで、違いをくらべてみましょう。本当にあったことが書かれている文はどちらでしょう。あてはまる文の（　）に○を書きましょう。

①・台風の影響《えいきょう》で電車が止まった。（○）
・台風の影響で電車が止まりそうだ。（　）

②・理科の授業《じゅぎょう》では、実験をするようだ。（　）
・理科の授業では、実験をした。（○）

2・次の慣用句《かんようく》の意味を調べ、（　）に書きましょう。また、慣用句を使った例文を考え、（　）に書きましょう。

①口がうまい（おせじや言い訳がじょうずである　など）
例文…（(例)口がうまい人には気を付けた方がいい。）

②歯がたたない（かなわない　など）
例文…（(例)難しい問題に歯が立たない。）

③鬼《おに》に金棒《かなぼう》（おそれるものがないこと　など）
例文…（(例)助っ人のおかげで鬼に金棒だ。）

④腹《はら》を決める（決心すること　など）
例文…（(例)しっかりあやまろうと腹を決めた。）

⑤根も葉もない（いいかげんな。理由のない　など）
例文…（(例)根も葉もないうわさ。）

p58-59

3・（　）に、「だから」「けれども」のどちらかを選んで書きましょう。

① 雨が降《ふ》った。（　だから　）試合が中止になった。

② 自転車のタイヤがパンクしてしまった。（　けれども　）けがはしなかった。

③ あまり復習《ふくしゅう》をしなかった。（　けれども　）テストの点数は良かった。

④ 合唱発表会の前に一生けんめい練習した。（　だから　）優勝《ゆうしょう》できた。

⑤ 朝、桜《さくら》がきれいに咲《さ》いていた。（　けれども　）帰りには散ってしまっていた。

4・次の――の言葉を、目上の人と話をする場面を想像《そうぞう》して、敬語《けいご》を使って□に書き直しましょう。

① 「実習では、いろいろとていねいに教えてくれてありがとうございました。」

「実習では、いろいろとていねいに教えていただきありがとうございました。」

② 「もらった資料《しりょう》は、これからも参考にします。」

「いただいた資料は、これからも参考にします。」

③ 「今日は、お母さんと見学に来ました。」

「今日は、母と見学にうかがいました（まいりました）。」

④ 「記念式典に、社長が来ました。」

「記念式典に、社長がいらっしゃいました。」

p60-61

15 あいさつや会話をする力を高めよう

人と人の信頼《しんらい》関係を作っていくためには「言葉」のやりとりと、その場に合った態度《たいど》がとても大切です。さまざまな場面を思い浮《う》かべて練習しましょう。

1・場面にふさわしい言葉を考え、□に書きましょう。

①周囲の人が忙《いそが》しそうに働いているのに、どうしても聞きたいことがあるとき。

（例）お忙しいところ、失礼いたします。
（例）お仕事中、申し訳ありません。

②用事があって急いで帰りたいのに、会社の先輩《せんぱい》に一緒《いっしょ》に帰ろうと誘《さそ》われたとき。

（例）申し訳ありません。今日は用事があって早く帰らなければいけません。お先に失礼します。

③一度、説明してもらったのに、よくわからなくてもう一度聞きたいとき。

（例）申し訳ありませんが、もう一度説明していただけますか。

④具合が悪くて、仕事を早退《そうたい》したいとき。

（例）具合が悪くなってしまい、仕事を続けられません。今日は早退してよろしいでしょうか。（症状のあるときは具体的に伝えましょう。）

⑤インフルエンザにかかってしまい、会社を休んでいて、久《ひさ》しぶりに出勤《しゅっきん》したとき。

（例）長い間お休みをいただいて、申し訳ありませんでした。ごめいわくをおかけしました。

p62-63

2・「感情《かんじょう》」を表す言葉を探《さが》して、表に書きましょう。

うれしい	悲しい・つらい	おどろき
(例)うきうきする	(例)しょんぼりする	(例)飛び上がる
喜びをかみしめる 胸がいっぱい	さみしい せつない 心がしめつけられる	ぼうぜんとする 目が飛び出る

16 資料《しりょう》

資料・領収書《りょうしゅうしょ》 それぞれの領収書からわかることを考えて、( )に書きましょう。

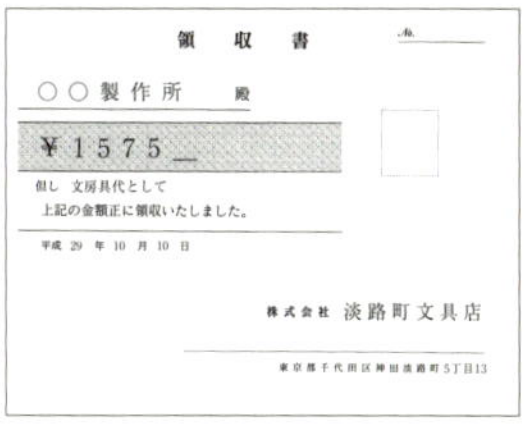
領　収　書　No.
○○製作所　殿
¥1575_
但し　文房具代として
上記の金額正に領収いたしました。
平成 29 年 10 月 10 日
株式会社 淡路町文具店
東京都千代田区神田淡路町5丁目13

①支払《しはら》った金額《きんがく》
(1575円)

②買ったもの
(文房具)

③買い物をしたお店の名前
(淡路町文具店)

p64-65

村のグッドステーション
KUMASAN
[領収証]
坂出綾坂通店
香川県坂出市府中町綾坂***
電話：0877-48-****
2016年7月23日（土）07：49
カレールー
240　2個　480
タマゴ　168
コンソメスープ
134　3個　402
合計　¥1,050
（内消費税等　¥84）
点　数　6個
上記正に領収いたしました
お預り　¥1,100
お　釣　¥50

①買い物をしたお店の名前
(KUMASAN　坂出綾坂通店)

②買い物をした日付・時間
(2016年7月23日　7時49分)

③買ったコンソメスープの数
(3個)

④お釣《つ》りの金額
(50円)

資料《しりょう》・定期券申込書《ていきけんもうしこみしょ》

下の枠《わく》に、必要なことを入れてみましょう。

・名前	・年齢《ねんれい》	・性別《せいべつ》
・電話番号	・定期の種類	・新規《しんき》か継続《けいぞく》か
・乗車区間	・使用開始日	・有効《ゆうこう》期間
・支払《しはらい》方法		

定期券購入《こうにゅう》申込書

オナマエ（カタカナ）　年齢　歳《さい》
男　女
電話番号 □□□□ — □□□□□ — □□□□

種　類	通勤《つうきん》・通学	新規・継続	
乗車区間	駅から 駅まで		
経　由			
使用開始日	平成　年　月　日から		
有効期間	1ヶ月	3ヶ月	6ヶ月
支払方法	現金《げんきん》・カード		

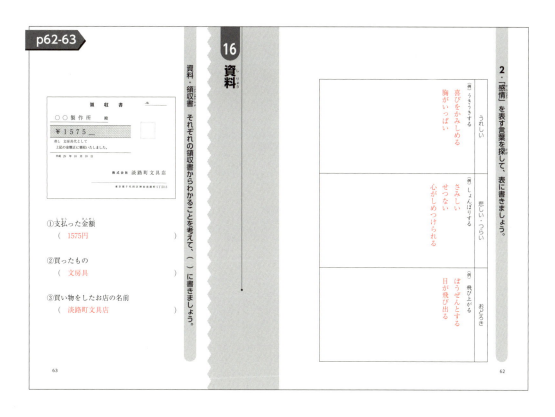

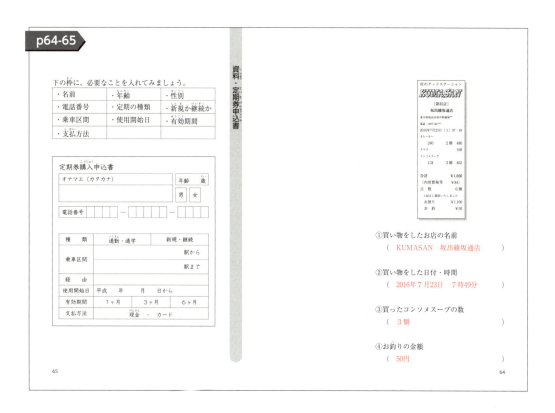